新版

itokito

FRENCH STYLE SANDWICH

Contents 目次

- イトキトとサンドイッチ …… 4
- おいしいサンドイッチの作り方 …… 6
  - どんなサンドイッチを作る？ …… 7
  - 味つけについて …… 8
  - イトキトの調味料 …… 9
  - 調理について …… 10
  - パンについて …… 11

I はさむだけ！ SIMPLE SANDWICH

- BLT …… 14
- コンビーフきゅうりトマト …… 14
- セミドライトマトクリームチーズ …… 14
- アボカドロースハムピクルス …… 16
- パルミジャーノベーコン …… 16
- オイルサーディンとアンチョビアンディーブ …… 17
- フレッシュシーブルとスモークサーモン …… 18
- フレッシュイチジクと生ハム …… 18
- 生ハムゴルゴンゾーラはちみつ …… 19

II FRENCH STYLE SANDWICH

- カマンベールとハムときゅうり …… 22
- ホワイトアスパラと生ハム …… 23
- 空豆とペコリーノチーズ …… 24
- 生ハムとプルーン …… 25
- たまごとロースハムのサンド …… 26
- バジルとトマトのたまごサンド …… 27
- エリンギとトマトのキッシュ風 …… 28
- パプリカとミモレット …… 29
- コンビーフのバターソテーとにんじんラペ …… 30
- コンビーフとキャベツ …… 30
- ツナのごまパンサンド …… 32
- タラモサラダのサンド …… 33
- スモークサーモンとかぶのソテー …… 34
- カマンベールとなすとパプリカのマリネ …… 35
- ひよこ豆のフムス野菜たっぷりサンド …… 36
- 夏野菜のラタトゥイユとひよこ豆のファラフェル …… 38

ホタテとブロッコリーのサンド …… 40
エビとルッコラのサンド …… 41
パテ・ド・カンパーニュのサンド …… 48
豚バラのコンフィ パイナップルソース …… 50
ローストポークとじゃがいものハニーマスタードサンド …… 52
ローストポークときのこのマリネ イチジクの赤ワイン煮 …… 54
ローストポークとりんごのノルマンディ風 …… 56
塩豚ときゅうりのバジルソース …… 58
塩豚とキャベツのサンド …… 60
塩豚とパプリカの柑橘ソース …… 61
茹で豚とズッキーニのマリネ …… 62
茹で豚とキャベツのバルサミコソース …… 64
茹で豚とセロリとなすのごまソース …… 65
蒸し鶏とれんこんのソテー タプナードソース …… 66
蒸し鶏とオクラのにんじんソース …… 68
蒸し鶏と地舞茸のビネガー風味 …… 69
自家製ソーセージとレンズ豆のサンド トマトソース添え …… 70
揚げ豚と白髪ねぎのピーナツソース …… 72
ラム肉のミートボールのトマト煮 …… 74
味噌漬けチキンと根菜のピクルス …… 76
トリッパのカツレツ ラビゴットソース …… 78
真鱈とじゃがいものコロッケサンド …… 80
メカジキのカツレツ クレオールソース …… 82
れんこんとしいたけのタルティーヌ …… 84
アボカドとトマトとレンズ豆のタルティーヌ …… 84
ツナとトマトサルサのタルティーヌ …… 85
5種のきのこクリーム煮のタルティーヌ …… 85
クリームチーズとアプリコット …… 88
フランボワーズとカシューナッツチョコペースト …… 89
柿とアールグレイ …… 90
メロンとマンゴーソース …… 90

Sandwich Sauce

特製マヨネーズ …… 42
ビネグレットソース …… 43
ラビゴットソース …… 43
シーザーソース …… 44
ヨーグルトソース …… 44
バルサミコソース …… 45
ヴァンブランソース …… 45
バジルソース …… 46
トマトソース …… 46
タプナードソース …… 47
ピーナツソース …… 47

itokitoサンドイッチバンズの作り方 …… 92

［レシピのルール］
○サンドイッチのレシピは、すべて1人分
　（ドッグ1本または食パン2枚分）です。
○レシピ内の大さじ1は15㎖、
　小さじ1は5㎖です。
○レシピ内のバターは無塩バターです。

イトキトと
サンドイッチ

サンドイッチは自由な食べものです。
好きなパンに好きな具をはさんで、かじりつくだけ。
食卓で食べてもいいし、公園のベンチでボーッとしながら楽しんでもいい。
持ち歩くことができるからお弁当だってなります。
食べる場所や、時間に縛られることもありません。

そして、具材の組み合わせも無限大です。
何をはさむかはその人次第。
シンプルにハムだけをはさんでもいいし、
フルコースのメインディッシュを豪快にはさみ込んだっていい。
作り手の思いをダイレクトに表現できるサンドイッチは、
楽しさや喜びまでも無限大にしてくれる、素敵で、奥深い食べものなのです。

僕が作るイトキトのサンドイッチは、
フレンチスタイルのサンドイッチです。
その原点はフランスを訪れたときに食べた「カスクルート」。
バゲットにハムとチーズをはさんだだけのシンプルなサンドイッチでしたが、
絶妙な味のバランス、計算されたおいしさは今でも忘れることができません。
それに、僕は常々思っていたことがあります。
レストランやビストロで味わう料理の感動を、サンドイッチひとつで表現できないか、と。
そしたら、もっと多くの人にフランス料理を手軽に味わってもらえる。
まるでフルコースのひと皿をそのまま味わえるようなサンドイッチがあったら、
きっと楽しいし、感動する。
食べるたびに新しい発見や驚きがあって、なんだかワクワクする。
それが、イトキトのサンドイッチです。

おいしいサンドイッチの作り方

どんなサンドイッチを作る？

サンドイッチ作りに難しいルールはありません。
どんなパンに、どんな具材をはさんでもそれはサンドイッチです。
ただ、いつどこで食べてもいいという自由さがサンドイッチの魅力ですから、
逆にいえば、いつどこで食べてもおいしいサンドイッチを作ることが肝心です。
イトキトでは作り立てのそのときにおいしいことはもちろん、
翌日の朝に食べてもきちんとおいしいサンドイッチを作るようにしています。

また〝食べやすさ〟もひとつのキーワードです。
サンドイッチはそのままかじりつくものなので、
素材を食べやすい大きさにしたり、具やソースの適量を考えたりする気配りも必要です。
大切なのは、食べる人のことを考えること。
たとえば、お年寄りやお子さんには柔らかめのサンドイッチが、
若い人には肉や魚を使った食べごたえのあるサンドイッチが喜ばれるでしょう。
どんな人がどんな風に食べるかを想像しながら作ると楽しいし、
自然とおいしくなります。

同じ味を作り続けることも大切ですが、僕はそのときどきで変化するのもいいと思っています。
ときにはアドリブを入れたり、アレンジを加えてみたりする遊び心から、
思いがけない発見や、驚きのおいしさに出合えるかもしれない。
サンドイッチの醍醐味は、そんなところにあるのだと思います。

味つけについて

普通の料理とは違い、味つけにはサンドイッチならではの工夫が必要です。
そのまま食べておいしい料理でも、
具材としてパンにはさむことで、味が隠れてしまうことがあるからです。
しかも、時間が経つほどに具材の味はどんどん薄くなってしまうため、
食べる頃にはぼやけた味になってしまうことにもなりかねません。
サンドイッチにはさむ具材は、
いつ食べてもおいしい〝味のバランス〟をとることが大切です。

○ ビネガーと塩

サンドイッチの調味に重要な役割を果たすのが、ビネガーと塩です。
とくに酸味は、野菜とパンをつなぐ働きをしたり、肉の脂っぽさを消してくれたり、
アクセントとなって味に深みを出してくれたりと
サンドイッチに欠かせない要素のひとつです。
この酸味は時間とともに消えやすくもあるため、
イトキトではかなり大胆にビネガーを使います。
これにより決して酸っぱい仕上がりにならないのは、塩を使ってバランスをとっているから。
サンドイッチにとって塩は、単に塩味をつけるだけではなく
ビネガーの酸味を中和し、まろやかな甘みへと変えてくれる役割を持つのです。

○ 和の調味料

イトキトのサンドイッチには、しょうゆや味噌、和辛子といった和の調味料も
ふんだんに使っています。
しょうゆを隠し味にすることでソースに深みを出したり、
辛味を持続させるために、フレンチマスタードに和辛子を少量加えてみたり。
フレンチの食材や味つけになじみがない人でも、
舌に親しんだ和の調味料を使うことで不思議と食べやすくなります。

○ 最後の粗挽きこしょう

サンドイッチの仕上げに欠かせないのが、こしょうです。
それも、細挽きではなく、粗挽きのこしょう。
粗挽きこしょうは、味や香りがすぐに飛んでしまう細挽きと違って、
時間が経っても劣化しにくいのが特徴。
噛んだその瞬間に香りやピリッとした辛味が炸裂するので、
小気味いいアクセントになります。

イトキンの調味料

塩

[粗塩] 肉や魚の旨味を引き出すための下塩として主に使用。

[粒塩] 甘みのあるフルール・ド・セル（天日塩）は、味つけの仕上げにアクセント的に使う。

[精製塩] 粒子が細かく溶けやすいため、ソースやコンフィを作るときに最適。

ビネガー

[赤ワインビネガー] 独特の香りと渋みがあり、火を入れてソースに多用。ドレッシングのコク出しに使うこともある。

[白ワインビネガー] フレッシュな香りとキレのある酸味が特徴。さっぱりとした味わいに仕上げたいときや、マリネを作るときに。

[バルサミコ酢] じっくり煮詰め、その甘みやコクをソースとして活用することが多い。

砂糖

[グラニュー糖] 強く尖った甘みにしたいときに。イチジクやパイナップルを煮るときや、ピクルスを漬けるときにも使用。

[てんさい糖] ナチュラルでやさしい風味が特徴。まろやかな甘みを表現したいときに。

黒こしょう

[細挽き] 肉や魚などに下味をつけるときや、マリネをするときに使用。

[粗挽き] サンドイッチの絶対的アクセント。最後の仕上げに使うのがお約束。

ねりごま

ビネガーと相性のいい白ごまを使用。淡白な肉類に合わせて旨味を出したり、コク出しの補助要素としても使う。

ごま油

炒りごまやねりごまにはないこうばしい香りの持ち主。肉類の下味やソースの香りづけに。ただし、香りが強いので使いすぎに注意。

エルヴドプロヴァンス

タイム、セージ、ローズマリー、フェンネルを混ぜたミックススパイス。魚介や豚肉、鶏肉の臭い消しや香りづけとしても重宝する。

ガーリックパウダー

あると便利な調味料。生のにんにくよりやさしい香りで、ちょっとしたアクセントや、ソースの隠し味になる。

マスタード

[ディジョンマスタード] フランスで一般的なマスタード。パンにそのまま塗ったり、マヨネーズに使用。あらゆる食材に使える万能マスタード。

[粒マスタード] ディジョンよりマイルド。ソーセージやローストポークなどの肉料理にたっぷり使うとおいしい。

ローレル

煮込み料理やマリネの漬け込みに。野菜のえぐみを中和してくれるハーブ。

ローズマリー

肉料理やじゃがいもによく合う。ドライとフレッシュがあり、多用するのは香りの強いフレッシュタイプ。

バター

パンに塗るほか、コクを出したい素材のソテーなどに使う。全体の味のバランスをイメージしやすいため、使うのは無塩タイプのみ。

調理について

サンドイッチは冷えた状態で食べることが多いため、
冷たくしてもおいしいことが大前提です。
そのためには、できるだけ長持ちする工夫をし、保存に適した調理法をとっています。

○ 火入れはしっかりと

どんな新鮮な肉や魚でも、しっかりと火を入れておくことが大切です。
たとえば、豚肉を脂で煮たコンフィや、オーブンで焼いたローストポークなどは
低温で長時間熱を加えるため、サンドイッチ向きの具材です。
野菜にしても、ピクルスやマリネにするなど、
保存に適した調理法を多くとるようにしています。
また、日本料理の保存食である味噌漬けやしょうゆ漬けも
塩分が腐敗を防ぐので、サンドイッチに適した調理法です。

○ 水気はとにかく切る

サンドイッチの大敵はなにより水分です。とくに注意が必要なのは葉野菜を使う場合。
野菜に水気が残っているとドレッシングやソースの絡みが悪くなりますし、
当然、腐敗も早まります。
葉野菜を使うときは、サラダスピナーなどで水気をよく取り除くのが鉄則。
また、時間が経ってもクタッとしにくい野菜を選ぶのもポイント。
イタリアンルッコラやレタスはサンドイッチに挟んでもしおれにくいのでおすすめです。

○ 最初にバターを塗る理由

サンドイッチのバンズには、バターやマヨネーズなどの油脂分を塗りますが、
これは味のためだけではありません。
パンの表面をコーティングすることで食材の水分がパンにしみ込むのを防ぐためです。
時間とともにパンの食感が損なわれては、せっかくのサンドイッチも台無しですから
欠かせないひと手間です。
また、ドッグタイプのパンをサンドイッチにするとき、
最後まで切り離さないのもコツです。
些細な事ですが食べるときに具材やソースが飛び出さず、食べやすくなります。

パンについて

具材が決まったら、相性のいいパンを選びます。
パンと具材に一体感を持たせるために気をつけるポイントは
2つ。まずは「味つけ」。
濃厚な味の具材や脂肪分の多い肉類をはさむなら、
ライ麦パンのようなしっかりとした個性を持つパンを。
逆に、さっぱりとした味わいの具材なら、
クセのないフランスパンを合せるのがおすすめです。
2つ目のポイントは「食感」。
基本的には、柔らかい具材にはソフトなパンを、
噛み応えのある具材にはハード系のパンを合わせます。
食べたときに硬さが合わないと、
食べにくく、散漫な印象になりがちだからです。
ただし、柔らかいだけでは単調になりすぎることもあるので、
具材が柔らかくても、しっかりと硬いクラストと
ソフトな食感を併せ持つライ食パンを使ったり、
あえてバゲットを合わせたりと、
微妙な組み合わせでバランスをとることもしています。

1　フランスパン
くせのないベーシックなハード系ドッグパン。適度な噛み応えで食べやすく、
オールマイティにどんな食材とも相性がいい。巻末で作り方を紹介しています。

2　ライドッグ
ライ麦粉入りのドッグパン。ライ麦独特の香りが、個性あるチーズや脂肪分の多い肉、フレッシュな野菜にも合う。
イトキトのライ麦パンは食べやすい配合が特徴。

3　ソフトドッグ
バターを使った柔らかいドッグパン。柔らかいフィリングと合わせやすい。
ほんのり甘さを感じる生地なので、甘い具材やソースとの相性は抜群。

4　食パン
イトキトではフルーツサンドのみに使用。

5　ライ食パン
ライドッグと同生地の食パンタイプ。味の強いベーコンやトマトソース、サーモンなどにも負けない力強さが特徴。
風味がよく、柔らかさもあるのでいろいろな具材と合わせやすい。

6　バゲット
1/8サイズに切ったものをタルティーヌに使用。

I

はさむだけ！

SIMPLE SANDWICH

切ってはさむだけできちんとおいしくなるサンドイッチがこちら。
組み合わせた素材同士の相性のよさを
ストレートに楽しんでください。

BLT

厚切りの旨いベーコンとシャキシャキレタス、新鮮トマトをはさんで。
シンプルだからこそ、素材のおいしさがダイレクトに伝わるイトキトの定番サンド。

ライ食パン …… 2枚
ベーコンスライス（厚切り）…… 1枚（20g）
レタス（ちぎる）…… 3枚
トマト …… 5mm幅輪切り1枚
マヨネーズ …… 10g
各少々 | マスタード
バター・黒こしょう

1　ベーコンはフライパンで軽くソテーする。
2　ライ食パンの内側になる面にバターを塗る。
3　1枚にレタス、マヨネーズ、トマト、ソテーしたベーコンの順でのせ、マスタードを塗ってこしょうをふり、もう1枚でサンドする。
4　上に重しをのせて10分ほど置いてなじませ、半分にカットする。

コンビーフ きゅうりトマト

コンビーフとフレッシュな野菜を合わせてさっぱりと。
にんにくのアクセントが隠し味。

ライ食パン …… 2枚
コンビーフ（ほぐす）…… 40g
きゅうり …… 斜め薄切り4枚
トマト …… 5mm幅輪切り1枚
マヨネーズ …… 10g
各少々｜にんにく・マスタード
　　　｜バター・黒こしょう

……………………

1　ライ食パンの内側になる面に、1枚にはにんにくをこすりつけてバターを塗り、もう1枚にはバターとマスタードを塗る。
2　にんにくをこすりつけた方の上にきゅうり、コンビーフ、マヨネーズ、トマトの順にのせ、こしょうをふってもう1枚でサンドする。
3　上に重しをのせて10分ほど置いてなじませ、半分にカットする。

セミドライトマト クリームチーズ

コクあるクリームチーズと、味わい深いセミドライトマトは抜群の組み合わせ。
最後に散らしたローズマリーが食欲を刺激します。

ライドッグ …… 1個
セミドライトマト（半分に切る）…… 4枚
クリームチーズ（常温にする）…… 30g
各少々｜ローズマリー（ドライ）
　　　｜バター・塩・黒こしょう

……………………

1　ライドッグに切り込みを入れ、内側にバターを塗る。
2　クリームチーズを塗ってドライトマトを並べ、ローズマリー、塩、こしょうをふる。

アボカド ロースハム ピクルス

アボカドをたっぷり食べたくて作ったリッチなサンドイッチ。
ねりごまの香りとコクが、意外にもアボカドにぴったりとハマります。

フランスパン …… 1個
アボカド（スライス）…… 1/4個
ロースハム（半分に切る）…… 1枚
きゅうりのピクルス …… 3本
各少々｜イタリアンルッコラ・マヨネーズ・ねりごま・バター・塩・黒こしょう

1　フランスパンに切り込みを入れ、内側にバターを塗る。
2　ロースハム、イタリアンルッコラ、アボカド、ピクルスの順にのせ、マヨネーズとねりごまを添えて、塩、こしょうをふる。

パルミジャーノ ベーコン

片手で食べられる"シーザーサラダ"。どうせなら分厚いベーコンをはさんで、
パルミジャーノも大胆に。本格的な味わいに仕上げるのがイトキト流。

オイルサーディンと アンチョビ アンディーブ

"いわし×いわし"のさっぱりサンド。
アンチョビの塩味がオイルサーディンを引き立てます。
アンディーブのほろ苦さもポイント。

ライドッグ …… 1個
オイルサーディン …… 2尾
アンチョビ（小さくちぎる）…… 1/2枚
アンディーブ …… 葉3枚
玉ねぎ（スライスして塩もみ）…… 少々
各少々 | マヨネーズ・ケイパー
       | バター・塩・黒こしょう

1 ライドッグに切り込みを入れ、内側にバターを塗る。
2 アンディーブを並べて、マヨネーズを塗り、オイルサーディンをのせる。
3 玉ねぎとケイパーをのせ、アンチョビを散らして塩、こしょうをふる。

ライドッグ …… 1個
パルミジャーノチーズ（そぎ切り）…… 10g
ベーコンスライス（厚切り）…… 20g
レタス（ちぎる）…… 2枚
マヨネーズ …… 10g
各少々 | にんにく・マスタード
       | バター・黒こしょう

1 ベーコンは食べやすく切ってフライパンで軽くソテーする。
2 ライドッグに切り込みを入れ、内側ににんにくをこすりつけて、バターを塗る。
3 レタス、マヨネーズ、1、チーズの順にのせて、こしょうをふる。

フレッシュシェーブルと スモークサーモン

スモークサーモンといえばクリームチーズが王道だけど、僕が使うのはシェーブルチーズ。
こってりとしたサーモンをより爽やかに味わえます。

フランスパン …… 1個
フレッシュシェーブルチーズ …… 40g
スモークサーモン …… 20g
トマト …… 5mm幅半月切り3枚
フレッシュバジル …… 3枚
各少々　にんにく・オリーブオイル
　　　　バター・塩・黒こしょう

1　フランスパンに切り込みを入れ、内側ににんにくをこすりつけて、バターを塗る。
2　バジル、トマト、スモークサーモンの順にのせ、オリーブオイルをかけ、チーズをのせて塩、こしょうをふる。

生ハムゴルゴンゾーラはちみつ

生ハムとゴルゴンゾーラ、個性が強い者同士の組み合わせですが
はちみつとくるみのまろやかさがきちんとひとつにまとめてくれます。

フランスパン……1個
生ハム……10g
ゴルゴンゾーラチーズ……25g
くるみ（乾煎りし、手で割る）……20g
はちみつ……10g
バター・黒こしょう……各少々

1　くるみとはちみつを和える。
2　フランスパンに切り込みを入れ、内側にバターを塗る。
3　生ハムをはさみ、手でほぐしたチーズと**1**をのせてこしょうをふる。

フレッシュイチジクと生ハム

繊細でやさしい甘みのイチジクと生ハムをつなぐのは
バルサミコとオリーブオイルの香り。夏に食べたいサンドです。

ライドッグ……1個
フレッシュイチジク（皮をむき、3等分）……3/4個
生ハム……10g
各少々｜バルサミコ酢・オリーブオイル
　　　｜バター・塩・黒こしょう

1　バルサミコ酢とオリーブオイルを混ぜ合わせ、塩で味を調えてソースを作る。
2　ライドッグに切り込みを入れ、内側にバターを塗る。
3　生ハムとイチジクをのせ、**1**をかけてこしょうをふる。

II

FRENCH STYLE SANDWICH

イトキトのスペシャリテはフランス仕込みのごちそうサンドイッチ。
定番から変り種まで、おいしくてとことん楽しいのがイトキトサンドです。

カマンベールとハムときゅうり

フレンチの大定番"ジャンボン・フロマージュ"。
ポイントは自家製マヨネーズ。やさしい風味が味に深みをもたらします。

フランスパン …… 1個
カマンベールチーズ（スライス）…… 15g
ロースハム（半分に切る）…… 1枚
きゅうり …… 斜め薄切り3枚
特製マヨネーズ（p.42）…… 25g
バター・黒こしょう …… 各少々

1　フランスパンに切り込みを入れ、内側にバターとマヨネーズを塗る。
2　ロースハム、カマンベール、きゅうりの順にはさみ、こしょうをふる。

ホワイトアスパラと生ハム

旬の短いホワイトアスパラガスをシンプルに楽しみたくて作ったサンドイッチ。
玉ねぎを加えることで自家製マヨネーズが別のソースに早変わり! これもまた旨い。

フランスパン ﾞ…… 1個
ホワイトアスパラガス …… 1本
生ハム …… 1枚(10g)
玉ねぎ(みじん切り) …… 少々
特製マヨネーズ(p.42) …… 15g
塩・バター・黒こしょう …… 各少々

1 ホワイトアスパラガスは根元を切り落とし、下1/3の皮をピーラーでむく。塩(分量外)を加えた湯で約2分茹で、3等分に斜め切りする。
2 玉ねぎは塩でもみ、水にさらして水気を切る。
3 フランスパンに切り込みを入れ、内側にバターを塗る。
4 生ハム、1の順ではさみ、マヨネーズをかけて2を散らす。最後にこしょうをふる。

空豆とペコリーノチーズ

サラダ感覚の一品。少しクセのあるペコリーノチーズをホクホクの空豆と一緒に。
にんにくを効かせたシーザーソースが味の決め手です。

フランスパン …… 1個
空豆（塩茹でする）…… 4個
ペコリーノチーズ（スライス）…… 5g
ベビーリーフ …… 5g
シーザーソース（p.44）…… 10g
バター・黒こしょう …… 各少々

1　フランスパンに切り込みを入れ、内側にバターを塗る。
2　ベビーリーフをはさみ、空豆、ペコリーノチーズをのせる。
3　シーザーソースをかけて、こしょうをふる。

生ハムとプルーン

ジャムのように煮込んだドライプルーンと、熟成した生ハムの新鮮なコンビ。
赤ワインに合う大人の味わいです。

フランスパン …… 1個
生ハム …… 1枚（10g）
ドライプルーンの赤ワイン煮 …… 4切れ
バター・黒こしょう …… 各少々

1　フランスパンに切り込みを入れ、内側にバターを塗る。
2　生ハムをはさみ、プルーンをのせて、こしょうをふる。

ドライプルーンの赤ワイン煮 の作り方 〈作りやすい分量〉

ドライプルーン（半分に切る）…… 75g
赤ワイン …… 100g
バルサミコ酢 …… 50g
グラニュー糖 …… 20g

1　鍋にドライプルーンと赤ワインを入れ、半量になるまで中火で煮詰める。
2　バルサミコ酢を加え、さらに半量になるまで煮詰める。
3　グラニュー糖を入れて弱火にし、溶けるまでからめる。
4　冷蔵庫で一晩寝かせる。

たまごとロースハムのサンド

スタンダードなたまごサンド。ライ麦パンと相性のいいピクルスを
多めに入れるのがコツ。素朴な味わいでシンプルにおいしい。

ライ食パン …… 2枚
たまごサラダ …… 35g
ロースハム …… 1枚
きゅうりのピクルス（スライス）…… 3本
バター・黒こしょう …… 各少々

1　ライ食パンの内側になる面にバターを塗る。
2　1枚の縦中央にピクルスを並べ、ロースハム、たまごサラダの
　　順にのせ、こしょうをふり、もう1枚でサンドする。

たまごサラダの作り方 〈作りやすい分量〉

茹でたまご（固茹で）…… 1個
マヨネーズ …… 17g
各少々｜塩・黒こしょう
　　　｜グラニュー糖

1　ボウルに茹でたまごを入れ、マッシャーでつぶす。
2　すべての調味料を加えて混ぜ合わせる。

バジルとトマトのたまごサンド

ありそうでない組み合わせ。アレンジを加えた変化球的なたまごサンド。
風味豊かなトマトソースとバジルを添えて、ひと味違う味わいに。

ライ食パン …… 2枚
たまごサラダ（p.26）…… 35g
きゅうりのピクルス（みじん切り）…… 1本
エルヴドプロヴァンス …… 少々
トマトソース（p.46）…… 大さじ1
フレッシュバジル …… 4枚
バター・黒こしょう …… 各少々

1　ライ食パンの内側になる面にバターを塗る。
2　たまごサラダにピクルスとエルヴドプロヴァンスを混ぜ合わせる。
3　1枚にトマトソース、2、バジルの順にのせて、こしょうをふり、もう1枚でサンドする。

エリンギとトマトのキッシュ風

生クリームの入ったリッチな味わいのキッシュ風オムレツをたっぷりはさんで。
カリカリベーコンでこうばしい旨味をプラス。キッシュよりワンランク上のおいしさです。

ソフトドッグ …… 1個
キッシュ …… 50g
ベーコン …… 1枚
各少々 | バター・黒こしょう
　　　| マヨネーズ

1　ベーコンは、表面がこんがりと色づくまでフライパンでソテーする。
2　ソフトドッグに切り込みを入れ、内側にバターとマヨネーズを塗る。
3　2にベーコン、キッシュの順にはさみ、こしょうをふる。

キッシュの作り方 〈 21cm × 27cm のバット1台分 〉

玉ねぎ（2cm幅のくし形切り） …… 1個
トマト（3cm角切り） …… 2個
エリンギ …… 2本　（横半分に切り、3mm幅にスライス）
卵 …… 2個
卵黄 …… 2個分
生クリーム …… 70g
各少々 | バター・塩・黒こしょう・ガーリックパウダー・エルヴドプロヴァンス

1　フライパンにバターを熱し、玉ねぎを入れて透き通るまで炒める。
2　エリンギを加え、しんなりとしたら塩、こしょう、ガーリックパウダーを加えて軽く炒める。
3　2とトマトをバットに均等に並べる。
4　ボウルに卵と卵黄を入れてほぐし、生クリームを加えて泡立てないように混ぜる。
5　塩、こしょう、エルヴドプロヴァンスを加え混ぜて3に流し込み、アルミホイルで蓋をする。
6　ひと回り大きいバットに湯をはり、5をのせる。180℃のオーブンで約60分湯煎にかける。

パプリカとミモレット

一晩漬け込んだマリネの酸味と、熟成したミモレットのコクがぴったりマッチ。
白ワインと一緒に楽しみたい。

フランスパン …… 1個
パプリカのマリネ（赤・黄）…… 各2切れ
ミモレットチーズ（スライス）…… 10g
バター・黒こしょう …… 各少々

1　フランスパンに切り込みを入れ、内側にバターを塗る。
2　パプリカのマリネを並べてミモレットチーズを散らし、こしょうをふる。

パプリカのマリネの作り方 〈作りやすい分量〉

パプリカ（赤・黄）…… 各1個
ビネグレットソース（p.43）…… 120g
ローリエ …… 1枚

1　パプリカは表面の皮が黒く焦げるまで直火で焼いて、水につけながら皮をむく。水気を切って3cm幅に切る。
2　ビネグレットソースにローリエと1を加え、一晩漬け置く。

コンビーフのバターソテーとにんじんラペ

バターでカリッと焼きつけたコンビーフの塊を豪快にサンド。
クミンの香り漂うにんじんラペの爽やかな酸味が、肉の香りを引き立てます。

ライ食パン …… 2枚
コンビーフ（塊）…… 30g
にんじんラペ …… 30g
各少々　片栗粉・バター
　　　　マヨネーズ・黒こしょう

1　コンビーフに片栗粉をまぶす。
2　フライパンにバターを熱し、
　　コンビーフの表面がカリッとするまでソテーする。
3　ライ食パンの内側になる面にバターを塗る。
4　1枚ににんじんラペ、2、マヨネーズを重ね、
　　こしょうをふって、もう1枚でサンドする。

にんじんラペの作り方

にんじん（千切り）…… 2本
オレンジ（実を取り出し、3等分）…… 1個
玉ねぎ（千切り）…… 1/2個
しょうゆ …… 50g
白ワインビネガー …… 70g

塩 …… 5g
クミンシード …… 3g
黒こしょう …… 少々

1　ボウルにすべての材料を入れ、よく混ぜる。

コンビーフとキャベツ

コンビーフにじゃがいもをざっくりと混ぜてリエット風に。
酸味の効いたコールスローとライ麦パンの香り、三位一体だからこその美味。

ライ食パン …… 2枚
コンビーフペースト …… 40g
キャベツ（千切り）…… 20g
白ワインビネガー …… 少々
各少々　バター・ディジョンマスタード
　　　　マヨネーズ・黒こしょう

1　キャベツに、白ワインビネガーをふって混ぜる。
2　ライ食パンの内側になる面にバターとマスタードを塗る。
3　1枚に1とコンビーフペーストをのせてマヨネーズを添え、
　　こしょうをふって、もう1枚でサンドする。

コンビーフペーストの作り方　〈作りやすい分量〉

コンビーフ（ほぐす）…… 50g
じゃがいも …… 75g
牛乳 …… 10g
マヨネーズ …… 5g

各少々　ナツメグ・しょうゆ・オリーブオイル
　　　　ドライパセリ・塩・黒こしょう

1　じゃがいもは茹でて熱いうちに皮をむき、ボウルの中でつぶす。
2　1にすべての材料を入れて混ぜる。

ツナのごまパンサンド

目指したのは主役を張れるツナサンド。"どこにもない" ツナペーストは
カレー風味が特徴ですが、調味料のバランスにもこだわりました。

ソフトドッグ（ごま付き）…… 1個 **ツナペースト** …… 40g きゅうりのピクルス …… 少々 バター・黒こしょう …… 各少々	1　ソフトドッグに切り込みを入れ、内側にバターを塗る。 2　ツナペーストを塗り、カットしたピクルスをのせて、こしょうをふる。

ツナペーストの作り方　〈作りやすい分量〉

オイルを切る

ツナフレーク …… 2缶（160g） 玉ねぎ（みじん切り）…… 1/8個 オリーブオイル …… 20g マヨネーズ …… 5g 白ワインビネガー …… 5g 塩 …… 小さじ1/3 カレー粉 …… 小さじ1/4 各少々｜エルヴドプロヴァンス 　　　｜ガーリックパウダー・こしょう	1　フライパンにオリーブオイルを熱し、玉ねぎを入れ、少し色づくまでソテーする。 2　ボウルにツナ、1、ほかの調味料類を合わせてよく混ぜる。

タラモサラダのサンド

地中海地方でよく食べられているタラモサラダをイトキト流にアレンジ。
アスパラのシャキシャキとした食感と香りがいいアクセントに。

フランスパン …… 1個
アスパラガス …… 1本
タラモサラダ …… 60g
バター・黒こしょう …… 各少々

1 アスパラガスは根元を切り落とし、下1/3の皮をピーラーでむく。塩（分量外）を加えた湯で約2分茹で、4等分にカットする。
2 フランスパンに切り込みを入れ、内側にバターを塗る。
3 タラモサラダ、1の順でのせ、こしょうをふる。

タラモサラダの作り方 〈作りやすい分量〉

明太子（薄皮を取る）…… 1腹
じゃがいも …… 2個
バター …… 8g
レモン汁 …… 5g
マヨネーズ …… 40g
牛乳 …… 5g
塩・こしょう …… 各少々

1 じゃがいもは皮をむいて茹でる。
2 ボウルに1とバター、明太子を入れてマッシュする。
3 レモン汁、マヨネーズ、牛乳を加えて混ぜ合わせ、塩、こしょうで調味する。

スモークサーモンとかぶのソテー

バターでこんがりソテーしたかぶと脂ののったサーモンのスモーキーな組み合わせ。
にんにく風味の酸っぱいソースを合わせてさっぱりいただきます。

- ライドッグ …… 1個
- スモークサーモン …… 25g
- かぶ …… 5mm幅の半月切り2枚
- かぶの葉（ザク切り）…… 少々
- **サワークリームソース** …… 10g
- イタリアンルッコラ …… 5g
- 強力粉 / バター・黒こしょう　各少々

1. かぶに強力粉をまぶし、余分な粉は落としておく。
2. フライパンにバターを熱し、**1**を表面に焦げ目がつくまでソテーする。かぶの葉はしんなりとするまでバターで炒める。
3. ライドックに切り込みを入れ、内側にバターを塗る。
4. ルッコラ、かぶ、スモークサーモンの順にのせ、かぶの葉を散らしたら、サワークリームソースをかけて、こしょうをふる。

サワークリームソースの作り方

- シーザーソース（p.44）…… 5g
- サワークリーム …… 5g

1. ボウルに材料を入れ、よく混ぜる。

カマンベールとなすとパプリカのマリネサンド

ハムやきゅうり以外でカマンベールを使ったサンドを作りたくて試行錯誤した一品。
手間ひまかかる贅沢なマリネは、具材にもソースにもなるすぐれもの。

フランスパン …… 1個
カマンベールチーズ …… 20g
なすとパプリカのマリネ …… 50g
バター・黒こしょう …… 各少々

1　フランスパンに切り込みを入れ、内側にバターを塗る。
2　なすとパプリカのマリネ、カマンベールの順にはさみ、こしょうをふる。

なすとパプリカのマリネの作り方　〈作りやすい分量〉

なす（横半分に切り、縦4等分に切る）…… 1本
パプリカ（赤・黄／2cm幅の短冊切り）…… 各1/2個
しめじ（小房に分ける）…… 1パック
玉ねぎ（みじん切り）…… 1/4個
にんにく（みじん切り）…… 1/2片
オリーブオイル …… 大さじ2
白ワインビネガー …… 大さじ2
塩・こしょう …… 各少々

1　なすは180℃の油（分量外）で素揚げし、塩をふる。
2　フライパンにオリーブオイルとにんにくを入れ、にんにくが色づくまで弱火で炒める。
3　玉ねぎを加え、透き通るまで炒めたら、パプリカとしめじを加えてさらに炒める。
4　パプリカが柔らかくなったら火を止め、1と白ワインビネガー、塩、こしょうを加えて混ぜ合わせる。
5　粗熱が取れたらバットなどに移し、一晩冷蔵庫で冷やす。

ひよこ豆のフムス 野菜たっぷりサンド

イトキトで不動の人気サンド。ピーナッツペーストでコクある味わいに仕上げたフムスには、
酸味を上手に組み合わせて。一度食べたらやみつきになること間違いなし。

ライドッグ …… 1個	1　ライドッグに切り込みを入れ、内側にバターを塗る。
ひよこ豆のフムス …… 35g	2　イタリアンルッコラ、にんじんラペ、フムスの順にのせ、
にんじんラペ（p.31）…… 15g	ヨーグルトソースをかけてこしょうをふる。
イタリアンルッコラ …… 5g	
フムス用ヨーグルトソース …… 10g	
各少々　バター／黒こしょう	

ひよこ豆のフムスの作り方 〈作りやすい分量〉

- ひよこ豆（一晩水に浸けて戻す）…… 250g（乾燥）
- ねりごま（白）…… 120g
- ピーナッツペースト …… 75g
- オリーブオイル …… 60g
- レモン汁 …… 50g
- にんにく …… 40g
- 塩 …… 20g
- グラニュー糖 …… 25g
- クミンパウダー …… 小さじ1/2
- こしょう …… 小さじ1/2

1　ひよこ豆は茹でて、粗熱を取る。茹で汁はとっておく。
2　フードプロセッサーににんにくを入れて細かくし、1のひよこ豆を加えてさらに回してペースト状にする。
3　残りのすべての材料を加え、1の茹で汁で硬さを調節しながら、なめらかなペースト状になるまで回す。

フムス用ヨーグルトソース 〈作りやすい分量〉

- ヨーグルトソース（p.44）…… 全量
- クミンパウダー …… 小さじ1/2
- コリアンダーパウダー …… 小さじ1/2

1　すべての材料をよく混ぜ合わせる。

夏野菜のラタトゥイユと
ひよこ豆のファラフェル

中東ではピタパンにはさむ"ファラフェル"はライ麦パンとも好相性。
夏野菜のラタトゥイユをたっぷりはさんで贅沢に。

ライドッグ …… 1個
ラタトゥイユ …… 45g
ファラフェル …… 2個
ファラフェル用ヨーグルトソース …… 10g
水菜・バター・黒こしょう …… 各少々

1　ライドックに切り込みを入れ、内側にバターを塗る。
2　水菜、ラタトゥイユ、ファラフェルの順にのせ、ヨーグルトソースをかけて、こしょうをふる。

ラタトゥイユの作り方 〈作りやすい分量〉

パプリカ（赤・黄）…… 各1個
トマト（2cm角切り）…… 1個
ナス（2cm短冊切り）…… 2個
ズッキーニ（2cm短冊切り）…… 1本
にんにく（スライス）…… 1片
塩・黒こしょう …… 各少々

1　フライパンにオリーブオイル（分量外）とにんにくを入れ、にんにくが色づくまで弱火で炒める。
2　トマトとパプリカを入れて炒め、パプリカが柔らかくなったらナスとズッキーニを加えてさらに炒め合わせる。
3　火が通ったら、塩、こしょうで味を調える。

ファラフェルの作り方 〈作りやすい分量〉

ひよこ豆（一晩水に浸けて戻す）…… 250g（乾燥）
にんにく …… 5g
玉ねぎ …… 135g
塩 …… 5g
クミンパウダー …… 小さじ1
各少さじ½｜カイエンペッパー
　　　　　　ガラムマサラ
　　　　　　コリアンダーパウダー

1　フードプロセッサーににんにくと玉ねぎを入れて細かくしたら、ひよこ豆を加え、少し粒が残る程度にすりつぶす。
2　ボウルに1を入れ、すべての調味料を加えてよく混ぜる。
3　約15gの丸形にし、平らにつぶして円盤形にする（写真a）。
4　180℃の油で、焦げ茶色になるまで揚げる（写真b）。

a

b

ファラフェル用ヨーグルトソース

ヨーグルトソース（p.44）…… 全量
グラニュー糖 …… 小さじ1/3
パルミジャーノチーズ …… 小さじ1/2

1　すべての材料をよく混ぜ合わせる。

ホタテとブロッコリーのサンド

フランス料理の一皿を、そのままはさみ込んだようなサンドイッチ。
ホタテのおいしいエキスをまとったバターソースは特別な味わい。

フランスパン …… 1個
むきホタテ …… 1個（50g） （約3cm角に切る）
ブロッコリー …… 15g （一口大に切り、塩茹でする）
ブランデー・白ワイン …… 各5g
バター（ソテー用）…… 10g
各少々 ｜ ディジョンマスタード
　　　｜ バター・塩・黒こしょう

1　フライパンにバターを熱し、ホタテを加えて表面が白くなるまでソテーする。
2　ブランデーを加えてフランべする。アルコールが飛び、ホタテに火が通ったら、ホタテのみボウルに取り出す。
3　2のフライパンに白ワインを加え、茶褐色になるまで中火で煮詰める。
4　2のボウルにブロッコリー、3、マスタード、塩を加えて和える。
5　フランスパンに切り込みを入れ、内側にバターを塗る。
6　4をはさみ、こしょうをふる。

エビとルッコラのサンド

魚介類と相性のいいラビゴットソースでフレンチ感あふれる一品に。
イタリアンルッコラならではの苦味が、エビの甘みを引き立てます。

フランスパン …… 1個
むきエビ（中）…… 5〜6個
イタリアンルッコラ …… 8g
ラビゴットソース（p.43）…… 5g
A 粒マスタード
・各少々 白ワインビネガー
 塩・こしょう
バター …… 少々

1　エビはたっぷりの湯で約2分茹で、水気を切る。
2　ボウルに1、ラビゴットソース、Aを加えて混ぜ、ルッコラを加えて和える。
3　フランスパンに切り込みを入れ、内側にバターを塗る。
4　2をはさみ、こしょうをふる。

Sandwich Sauce

イトキトの味を支えるのが、フレンチのソース&ドレッシング。
フレンチのひと皿同様、丁寧なソース作りがサンドイッチの味を左右します。

 ## 特製マヨネーズ

イトキトのマヨネーズは、マイルドながらも個性を主張する絶妙な味わい。
多様な食材に合うバランスのよい万能ソースです。

A
- 卵黄 …… 1個分
- 白ワインビネガー …… 12g
- ディジョンマスタード …… 10g

- グラニュー糖 …… 3g
- 塩 …… 少々
- コーン油 …… 約80g

各少々
- 和辛子・しょうゆ
- ガーリックパウダー

1. ボウルにAと和辛子を入れ、ホイッパーで混ぜる。
2. コーン油を少しずつ入れ、
   市販のマヨネーズくらいの硬さになるまで混ぜる。
3. 塩、グラニュー糖、しょうゆ、ガーリックパウダーで調味する。

〔このサンドイッチで使用〕
・カマンベールとハムときゅうり (p.22)
・ホワイトアスパラと生ハム (p.23)

ビネグレットソース

フレンチの定番ソース。サラダやマリネ、サンドイッチの仕上げにと大活躍。
オリーブオイルとサラダ油を同量に混ぜるのがクセのない味にするコツ。

ディジョンマスタード …… 5g
赤ワインビネガー …… 50g
オリーブオイル …… 20g
サラダ油 …… 20g
水 …… 50g
塩 …… 5g
黒こしょう …… 少々

1　ボウルにすべての材料を入れ、よく混ぜる。

〔このサンドイッチで使用〕
・パプリカとミモレット（p.29）

ラビゴットソース

スパイスやピクルスで香りづけした酸味のあるソース。好みで多彩にアレンジも可能。
ドレッシングとして使うもよし、揚げ物に添えても。

玉ねぎ（みじん切り）…… 1/4個
ケイパー（みじん切り）…… 10g
きゅうりのピクルス（みじん切り）…… 10g
タラゴンの酢漬け（みじん切り）…… 10g

1　玉ねぎは塩もみして30分以上置き、水でよく洗った後、水にさらしておく。
2　ボウルに水気を切った1とほかの材料を入れ、よく混ぜる。

〔このサンドイッチで使用〕
・エビとルッコラのサンド（p.41）
・トリッパのカツレツ　ラビゴットソース（p.78）

シーザーソース

にんにくの香りがたまらないチーズ系ソース。イトキトでは牛乳を加えて
よりまろやかな味わいに。料理にコクを出したいときにも便利。

マヨネーズ …… 30g
パルミジャーノチーズ（すりおろす）…… 25g
牛乳（一度沸騰させたもの）…… 15g
白ワインビネガー …… 10g
オリーブオイル …… 10g
塩 …… 少々
A｜にんにく（すりおろし）…… 5g
　｜塩・黒こしょう・グラニュー糖 …… 各少々

1　ボウルにAとチーズを入れ、ホイッパーでよくすり混ぜる。
2　チーズの粒がよくなじんだら、残りの材料を加えてさらによく混ぜる。

〔このサンドイッチで使用〕
・空豆とペコリーノチーズ（p.24）
・スモークサーモンとかぶのソテー（p.34）

ヨーグルトソース

トルコやギリシャで多用されるソース。ヨーグルトならではの爽やかな酸味に
にんにくを効かせて香り豊かに。味の補助的役割を果たします。

プレーンヨーグルト …… 60g
レモン汁 …… 小さじ1
にんにく（すりおろし）…… 小さじ1
塩 …… 小さじ1/3
こしょう …… 少々

1　ボウルにプレーンヨーグルト以外の材料を入れ、
　　ホイッパーでよくすり混ぜる。
2　プレーンヨーグルトを加えてさらによく混ぜる。

〔このサンドイッチで使用〕
・ひよこ豆のフムス野菜たっぷりサンド（p.36）
・夏野菜のラタトゥイユとひよこ豆のファラフェル（p.38）

バルサミコソース

バルサミコ酢を煮詰めて作る濃厚でリッチなソース。甘酸っぱくてコクがあり、香りもしっかり。旨味のある肉類との相性は抜群。

バルサミコ酢 …… 70g
はちみつ …… 30g
塩 …… 少々

1　鍋にバルサミコ酢を入れ、2割くらいになるまで煮詰める。
2　はちみつを加え、さらに半分になるまで煮詰め、塩で調味する。

〔このサンドイッチで使用〕
・茹で豚とキャベツのバルサミコソース（p.64）

ヴァンブランソース

飲み残しの白ワインがあれば、ぜひとも作ってほしいソース。
一般的に魚介類に使うことが多いけれど、僕は肉料理にもよく使います。

玉ねぎ（スライス）…… 1個
ブランデー …… 30g
白ワイン …… 300g
生クリーム …… 250g
バター …… 20g
塩 …… 少々

1　鍋にバターを熱し、弱火で玉ねぎが透き通るまで炒める。
2　ブランデーを加えて完全に煮詰めたら白ワインを入れ、さらに完全に煮詰める。
3　生クリームを加え、とろみとコクが出るまで弱火で煮詰め、塩で調味する。

〔このサンドイッチで使用〕
・ローストポークとりんごのノルマンディ風（p.56）

バジルソース

別名"緑のソース"。フレッシュバジルとパセリをたっぷり使ってペーストに。
アンチョビとにんにくのバランスがおいしさのコツです。

フレッシュバジル …… 20g（茎を除いて）
パセリ …… 25g（茎を除いて）

A ｜ にんにく …… 1片
　　 アンチョビ …… 2g
　　 きゅうりのピクルス …… 15g

オリーブオイル …… 適量
塩・こしょう …… 少々

1　フードプロセッサーにAを入れて細かくする。
2　バジルとパセリを加え、さらに細かくしたら
　　オリーブオイルを少しずつ加え混ぜ、硬さを調節する。
3　塩、こしょうで調味する。

〔このサンドイッチで使用〕
・塩豚ときゅうりのバジルソース（p.58）

トマトソース

おなじみイタリアの万能ソース。トマトの種類で味が決まるため、
味の安定したトマト缶を使うのがベター。少し甘めに仕上げるのがイトキト流です。

トマト缶（ホール）…… 1缶
にんにく（みじん切り）…… 1/2片
玉ねぎ（みじん切り）…… 1/4個
ローリエ …… 1枚

各少々 ｜ オリーブオイル・タイム
　　　　 塩・こしょう

1　鍋にオリーブオイルとにんにくを入れ、にんにくが色づくまで弱火で炒める。
2　玉ねぎを加えて炒め、色づく手前でつぶしたトマト、ローリエ、タイムを加え、さらに煮詰める。
3　パンに塗ったときに染み出てこないくらいの硬さになるまで煮詰め、塩、こしょうで調味する。

〔このサンドイッチで使用〕
・バジルとトマトのたまごサンド（p.27）

タプナードソース

ブラックオリーブをベースにした風味豊かなソース。サンドイッチに使いやすいよう、
バルサミコ酢を多めに加えて少し甘めに仕上げています。

ブラックオリーブ …… 250g
ケイパー …… 10g
アンチョビ …… 5g
にんにく …… 5g

A
オリーブオイル …… 15g
バルサミコ酢 …… 15g
グラニュー糖 …… 5g
塩 …… 5g
こしょう・エルヴドプロヴァンス …… 各少々

1　フードプロセッサーにケイパー、アンチョビ、にんにくを入れて細かくする。
2　ブラックオリーブを加えてさらに細かくし、Aを加えて味を整える。

〔このサンドイッチで使用〕
・蒸し鶏とれんこんのソテー タプナードソース（p.66）

ピーナツソース

隠し味にしょうゆを使い、お年寄りから子供まで、誰もが食べやすい味わいに。
まろやかな旨味とコクが魅力の濃厚なソースです。

ピーナッツペースト（スキッピー）…… 70g
マヨネーズ …… 20g
グラニュー糖 …… 5g
白ワインビネガー …… 5g
しょうゆ …… 5g
レモン汁 …… 少々
湯 …… 少々

1　ボウルに湯以外の材料を入れて混ぜる。
2　湯を加えながら、垂れにくい硬さに調節する。

〔このサンドイッチで使用〕
・揚げ豚と白髪ねぎのピーナツソース（p.72）

パテ・ド・カンパーニュのサンド

フレンチの王様的サンド。主役のパテは炒め玉ねぎを多めに入れて食べやすく。
ピクルスとマスタードの酸味が食欲をそそります。

ライドッグ …… 1個
パテ・ド・カンパーニュ …… 80g
きゅうりのピクルス …… 縦半分を3切れ
粒マスタード・バター・黒こしょう … 各少々

1　ライドッグに切り込みを入れ、
　　内側にバターと粒マスタードを塗る。
2　パテとピクルスをはさみ、
　　こしょうをふる。

パテ・ド・カンパーニュの作り方　〈10cm×25cm×8.5cmのパテ型1台分〉

豚バラ肉（5cm角に切る）…… 1.2kg
鶏レバー …… 320g
ベーコンスライス（5mm幅に切る）…… 400g
玉ねぎ（スライス）…… 530g
ベーコンスライス（型に敷き詰める用）…… 200g
各少々｜ポルト酒・ブランデー
　　　｜オリーブオイル

A｜塩 …… 25g
　｜グラニュー糖 …… 5g
　｜黒こしょう（細挽き）…… 2g
　｜ナツメグパウダー …… 2g
　｜エルブドプロヴァンス …… 少々

1　豚バラ肉にポルト酒とブランデーをふりかけ、マリネする。
2　鶏レバーの血管と筋を取り除き、氷水にさらして臭みを取る。
3　フライパンにオリーブオイルを熱し、玉ねぎを色づくまで炒める。
4　フードプロセッサーに2と3を入れ、ペースト状になるまで回し、
　　ボウルにあける。
5　4のフードプロセッサーにベーコンを入れ、2cmくらいになるまで
　　回したら、4のボウルにあける。次に1を入れて1cm角になるまで
　　回し、これも4のボウルにあける。
6　Aをボウルに入れ（写真a）、粘りが出るまで手でよくこねる。
7　型にラップを敷いてベーコンを敷き詰め、空気が入らないよう6を
　　詰める（写真b）。
8　ベーコンで蓋をしてラップで包み、アルミホイルで密閉する。
9　大きめのバットに湯をはり、8を入れる。湯は型が半分浸かる
　　くらいまで入れる。
10　170℃のオーブンで約2時間湯煎する。
11　肉の中心温度が80℃以上になったらオーブンから取り出す。
　　上に重しをのせ、バットごと粗熱を取る。
12　冷蔵庫で一晩冷やし固める。パテを型から外し、新しいラップで
　　包み直し、さらにアルミホイルに包み、冷蔵庫で保存する。

a

b

豚バラのコンフィ パイナップルソース

あまり見かけない豚バラ肉のコンフィをパイナップルソースと合わせて爽やかに。
沖縄のパイナップルバーガーや酢豚から着想を得たサンドです。

フランスパン …… 1個
豚バラのコンフィ …… 50g
パイナップルソース …… 20g
レタス（ちぎる）…… 10g
バター・黒こしょう …… 各少々

1　フライパンにサラダオイル少々（分量外）を熱し、スライスした豚バラの
　　コンフィの表面がカリッとするまで両面を焼く。
2　フランスパンに切り込みを入れ、内側にバターを塗る。
3　レタス、豚バラのコンフィをはさみ、パイナップルソースをかけて、
　　こしょうをふる。

豚バラのコンフィの作り方 〈作りやすい分量〉

豚バラ肉（塊）…… 300g

A　にんにく（スライス）…… 1片
　　ローリエ …… 1枚
　　塩・こしょう・ローズマリー …… 各少々

1　豚肉にAをすり込み、ラップで包んで冷蔵庫で一晩寝かせる（写真a）。
2　表面をよく洗い流し、水気を取る。
3　鍋にラード（分量外）を80℃に熱し、2を入れて、
　　温度を保ちながら約2時間加熱する（写真b）。
4　肉の中心が80℃以上になり、竹串がすっと刺さったら、
　　鍋から取り出して脂をよく切る。

パイナップルソースの作り方 〈作りやすい分量〉

パイナップル（みじん切り）…… 1/2個
玉ねぎ（みじん切り）…… 1/4個
白ワイン …… 60g
赤ワインビネガー …… 30g
サラダ油・塩・こしょう …… 各少々

1　鍋にサラダ油を熱し、玉ねぎをしんなりとするまで炒め、
　　白ワインを入れる。
2　水分が飛んだら赤ワインビネガーを入れ、半量になるまで煮詰める。
3　パイナップルを加えてひと煮立ちさせたら、塩、こしょうで調味し、
　　トロッとするまで弱火で煮詰める（写真c）。

ローストポークとじゃがいものハニーマスタードサンド

おろしたりんごをすり込むことで、柔らかくジューシーに焼いたローストポーク。
ハニーマスタードソースはじゃがいもさえも主役の一品に変えてくれる名脇役。

フランスパン …… 1個
ローストポーク …… 65g
じゃがいも …… 50g
ハニーマスタードソース …… 10g
バター・塩・こしょう …… 各少々

1　じゃがいもは皮をむいて塩茹でし、5mm幅にスライスする。
2　フランスパンに切り込みを入れ、内側にバターを塗る。
3　1とスライスしたローストポークをはさみ、
　　ハニーマスタードソースをかけて、こしょうをふる。

ローストポークの作り方〈作りやすい分量〉

豚肩ロース肉（塊）…… 1.5kg

A　塩 …… 100g
　　ローリエ …… 2枚
　　にんにく（スライス）…… 1片
　　りんご（すりおろし）…… 1/2個
　各少々　エルヴドプロヴァンス
　　　　　こしょう

1　ビニール袋に豚肉とAを入れて密閉し、
　　冷蔵庫で2晩寝かす（写真a）。
2　肉の表面を洗って水気を取り、常温に
　　30分ほど置いておく。
3　200℃のオーブンで2時間焼く。
4　アルミホイルで包み込んで粗熱を取り、
　　冷蔵庫で一晩寝かす。

a

ハニーマスタードソースの作り方〈作りやすい分量〉

ディジョンマスタード …… 20g
はちみつ …… 15g
しょうゆ …… 2g
塩・こしょう …… 各少々

1　すべての材料をよく混ぜ合わせる。

ローストポークときのこのマリネ
イチジクの赤ワイン煮

イチジクの香りが野生的なローストポークを引き立てます。
赤ワインの渋みとビネガーの酸味が立体的な味わいを演出します。

ライドッグ …… 1個
ローストポーク（p.53）…… 65g
きのこのマリネ …… 30g
イチジクの赤ワイン煮 …… 3切れ
バター・こしょう …… 各少々

1 ライドッグに切り込みを入れ、内側にバターを塗る。
2 スライスしたローストポークときのこのマリネをはさみ、イチジクをのせて、こしょうをふる。

きのこのマリネの作り方 〈作りやすい分量〉

エリンギ（横3等分に切り、スライス）…… 2個
舞茸・しめじ・えのき …… 各1/2パック
玉ねぎ（みじん切り）…… 1個
赤ワイン …… 100g
バター …… 30g
赤ワインビネガー …… 20g
塩・こしょう …… 各少々

（それぞれ小房に分ける）

1 鍋にサラダ油（分量外）を熱し、玉ねぎを透き通るまで炒める。
2 赤ワインを加え、水分がなくなるまで中火で煮詰める。
3 バターときのこ類を加え、火が通るまで炒めたら、赤ワインビネガーを入れて炒め、塩、こしょうで調味する。

イチジクの赤ワイン煮の作り方 〈作りやすい分量〉

ドライイチジク（半分に切る）…… 4個
赤ワイン …… 150g
バルサミコ酢 …… 70g

1 鍋にイチジクと赤ワインを入れて水分がなくなるまで煮詰める。
2 バルサミコ酢を加えて、水分が半量程度になるまでさらに煮詰める。

ローストポークとりんごのノルマンディ風

カルヴァドスと生クリームで煮込んだりんごは、ノルマンディ地方の定番。
甘くほのかな酸味とコクが豚肉の旨味にマッチします。

ライドッグ …… 1個
ローストポーク（p.53）…… 65g
りんご煮 …… 3切れ
ヴァンブランソース（p.45）…… 15g
こしょう …… 少々

1　ライドッグに切り込みを入れ、内側にヴァンブランソースを塗る。
2　スライスしたローストポークをはさみ、りんご煮をのせて、
　　こしょうをふる。

りんご煮の作り方 〈作りやすい分量〉

りんご（5mm幅にスライス）…… 1個
カルヴァドス …… 30g
白ワイン …… 200g
生クリーム …… 150g
各少々｜グラニュー糖
　　　　塩・こしょう

1　深めの小鍋にカルヴァドスを入れて水分が半量程度になるまで
　　煮詰め、白ワインを加えて水分がほとんどなくなるまでさらに煮詰める。
2　生クリームを入れてひと煮立ちさせたら、弱火にしてとろみが
　　出るまで煮詰める。
3　りんごとグラニュー糖を加えて、りんごが柔らかくなりすぎない
　　程度に加熱し、塩、こしょうで調味する。

塩豚ときゅうりのバジルソース

塩豚の甘くておいしい脂身にはバジルの爽やかな香りを添えて。
きゅうりをプラスして五感を刺激する食感に。

ライドッグ …… 1個
塩豚（5mm幅スライス）…… 50g
きゅうり（千切り）…… 1/4本
イタリアンルッコラ …… 5g
バジルソース（p.46）…… 10g
バター・黒こしょう …… 各少々

1　フライパンにサラダ油少々（分量外）を熱し、塩豚の両面を焼く。
2　ライドッグに切り込みを入れ、内側にバターを塗る。
3　イタリアンルッコラ、1、きゅうりをはさみ、バジルソースをかけて、こしょうをふる。

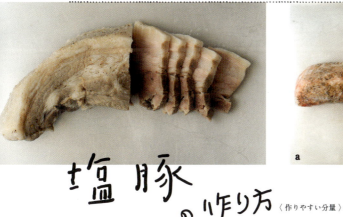

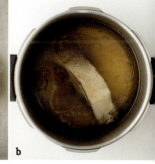

a　　b

塩豚の作り方 〈作りやすい分量〉

豚バラ肉（塊）…… 300g

A｜塩・こしょう …… 各少々
　｜にんにく（スライス）…… 3枚
　｜ローレル …… 1枚
　｜エルヴドプロヴァンス …… 少々

1　豚肉にAをすり込み、ラップに包んで冷蔵庫で一晩寝かせる（写真a）。
2　圧力鍋に1とかぶるぐらいの水を入れて加熱する。
　　圧力がかかったら弱火にして5分加熱し、火を止める。
3　圧力が下がったら蓋を開け、粗熱が取れてから取り出す（写真b）。

塩豚とキャベツのサンド

シンプルながらも無類の名コンビ。キャベツはビネガーで酸味を加え、
歯応えよく仕上げるのがコツ。塩豚の旨味と柔らかさがぐっと際立ちます。

フランスパン ⋯⋯ 1個
塩豚（p.59）⋯⋯ 50g
キャベツ ⋯⋯ 2枚
A ｜ 白ワインビネガー
　｜ ガーリックパウダー
各少々 ｜ 塩・こしょう
バター・黒こしょう ⋯⋯ 各少々

1　キャベツは、手で食べやすい大きさにちぎり、さっと茹でる。
2　**1**の水気をよく切り、**A**で調味する。
3　フランスパンに切り込みを入れ、内側にバターを塗る。
4　**2**とスライスした塩豚をはさみ、こしょうをふる。

塩豚とパプリカの柑橘ソース

オレンジとグレープフルーツのママレード風ソースと塩豚の相性は抜群。
パプリカでみずみずしい甘さを添えました。

ライドッグ …… 1個
塩豚（p.59）…… 50g
柑橘ソース …… 15g
パプリカ …… 1/2個
各少々 | マヨネーズ・バター
　　　　 黒こしょう

1　パプリカは表面の皮が黒く焦げるまで直火で焼き、水につけながら皮をむく。水気を切って短冊切りにする。
2　ライドッグに切り込みを入れ、内側にバターとマヨネーズを塗る。
3　1とスライスした塩豚をはさみ、柑橘ソースをかけて、こしょうをふる。

柑橘ソースの作り方 〈作りやすい分量〉

オレンジ …… 1個
グレープフルーツ …… 1個
グラニュー糖 …… 60g
白ワイン …… 20g
エルブドプロヴァンス …… 少々

1　オレンジとグレープフルーツは皮をむいて実を取り出し、細かく切る。
2　鍋に1を入れ、汁気が半分になるまで中火で煮る。白ワインを入れ、さらに半量になるまで煮詰める。
3　グラニュー糖を加えてとろりとするまで煮詰め、最後にエルブドプロヴァンスを加える。

茹で豚とズッキーニのマリネ

意外にもサンドイッチと合う、ほんのりしょうが風味の茹で豚。
薄くスライスにした生のズッキーニとの一体感も楽しんで。

ライドッグ …… 1個
茹で豚 …… 40g
ズッキーニのマリネ …… 20g
バター・黒こしょう …… 各少々

1 ライドッグに切り込みを入れ、内側にバターを塗る。
2 茹で豚をはさみ、ズッキーニのマリネをのせて、こしょうをふる。

茹で豚の作り方 〈作りやすい分量〉

豚バラ肉（スライス）…… 40g

A しょうゆ …… 小さじ1
  ごま油 …… 小さじ1
  しょうが（すりおろし）…… 小さじ1/2

片栗粉 …… 適量
オリーブオイル …… 少々

1 豚肉を3等分に切り、Aをもみ込んで10分置く。片栗粉をまぶす。
2 鍋に湯をはり、オリーブオイルを加えて1を茹で、水気を切る。

ズッキーニのマリネの作り方 〈作りやすい分量〉

ズッキーニ …… 1本
白髪ねぎ …… 1/2本分
赤ワインビネガー …… 大さじ1
オリーブオイル …… 大さじ1
塩・こしょう …… 各少々

1 ズッキーニはピーラーでリボン状にスライスする。
2 ボウルに1と白髪ねぎ、調味料を加えて和える。

茹で豚とキャベツの
バルサミコソース

甘酸っぱいバルサミコソースと豚肉、キャベツの組み合わせは期待を裏切らない味。
コールスローには酸味を効かせるのがポイントです。

ライドッグ …… 1個	
茹で豚 (p.63) …… 40g	
キャベツ (千切り) …… 20g	
白ワインビネガー …… 少々	
塩 …… 少々	
バルサミコソース (p.45) …… 5g	
各少々	マヨネーズ・マスタード バター・黒こしょう

1 キャベツの千切りは水にさらしてからしっかり水気を切り、白ワインビネガーと塩を和えておく。

2 ライドッグに切り込みを入れ、内側にバターとマヨネーズ、マスタードを塗る。

3 水気を切った1と茹で豚をはさみ、バルサミコソースをかけて、こしょうをふる。

茹で豚とセロリと なすのごまソース

セロリとなすを使った夏らしいサンドイッチ。
自家製ごまソースでシノワスタイルに仕上げました。

ライドッグ …… 1個
茹で豚（p.63）…… 40g
セロリ（細切り）…… 3g
なす（縦6等分に切る）…… 1/2本
ごまソース …… 10g
バター・黒こしょう …… 各少々

1　なすは沸騰した湯で茹で、水気を切る。
2　ライドッグに切り込みを入れ、内側にバターを塗る。
3　茹で豚、1、セロリをはさみ、ごまソースをかけて、こしょうをふる。

ごまソースの作り方

ねりごま（白）…… 30g
ピーナツペースト …… 5g
白ワインビネガー …… 5g
ごま油 …… 5g
グラニュー糖 …… 5g
塩・冷ました湯 …… 各少々

1　ボウルに湯以外の材料を入れてよく混ぜる。
2　湯を加えながら、垂れ落ちないほどの硬さに調節する。

蒸し鶏とれんこんのソテー タプナードソース

柔らかい蒸し鶏には、歯応えのいいれんこんを組み合わせて。
フレンチの定番・タプナードソースでいただきます。

ソフトドッグ …… 1個
蒸し鶏 …… 40g
れんこんのソテー …… 25g
タプナードソース（p.47）…… 20g
バター・黒こしょう …… 各少々

1　ソフトドッグに切り込みを入れ、内側にバターを塗る。
2　スライスした蒸し鶏、れんこんのソテーをはさみ、
　　タプナードソースをかけて、こしょうをふる。

蒸し鶏の作り方

〈作りやすい分量〉

鶏もも肉 …… 1枚（250g）
白ワイン …… 適量

A｜塩 …… 20g
　｜こしょう・フェンネルシード …… 各少々
　｜ローズマリー …… 1/2本
　｜ローリエ …… 1枚

a　b

1　鍋に鶏肉とAを入れ、肉の高さ半分くらいの白ワインを注いで（写真a）アルミホイルで蓋をする。
2　200℃のオーブンで約25分蒸す。
3　竹串がすっと通ったら、アルミホイルを被せたまま、粗熱を取る（写真b）。

れんこんのソテーの作り方　〈作りやすい分量〉

れんこん …… 1本（150g）
各少々｜小麦粉・塩・こしょう
　　　｜エルヴドプロヴァンス

1　れんこんは長さ5cmほどの短冊に切って水にさらす。
2　1の水気を切り、小麦粉を薄くまぶす。
3　フライパンにオリーブオイル少々（分量外）を熱して2を入れ、
　　表面にこんがりと焼き色がつくまで焼き、調味料をふる。

蒸し鶏とオクラのにんじんソース

すりおろしたにんじんがたっぷり入った甘辛いソースが味の決め手。
ソフトな食べ心地なので、お年寄りからお子さんまで楽しめます。

ソフトドッグ …… 1個
蒸し鶏 (p.67) …… 40g
オクラ …… 1〜2本
にんじんソース (水気を軽く切る) …… 20g
バター・黒こしょう …… 各少々

1 オクラは茹でて縦半分に切り、切り口をバーナーかフライパンで焼く。
2 ソフトドッグに切り込みを入れ、内側にバターを塗る。
3 スライスした蒸し鶏、1をはさみ、にんじんソースをかけてこしょうをふる。

にんじんソースの作り方 〈作りやすい分量〉

にんじん …… 1本
りんご …… 1/4個
しょうが …… 1片
にんにく …… 1片
しょうゆ …… 35g
白ワインビネガー …… 20g
オリーブオイル …… 15g
てんさい糖 …… 10g
ごま油 …… 5g
エルヴドプロヴァンス …… 少々

1 にんじん、りんご、しょうが、にんにくはそれぞれすりおろす。
2 ボウルに1を入れ、すべての調味料を加えて混ぜる。

蒸し鶏と地舞茸の ビネガー風味

蒸し鶏に添えたのは、地舞茸のソテーと舞茸の風味を移したビネガーソース。
ぜひ極上の地舞茸を使って。香りが違います。

- ライドッグ …… 1個
- 蒸し鶏（p.67）…… 40g
- ビネガーソース …… 15g
- 舞茸のバターソテー …… 25g
- 各少々 ディジョンマスタード／バター・黒こしょう

1. ライドッグに切り込みを入れ、内側にバターとマスタードを塗る。
2. スライスした蒸し鶏と舞茸のバターソテーをはさみ、ビネガーソースをかけて、こしょうをふる。

舞茸のバターソテーとビネガーソースの作り方 〈作りやすい分量〉

- 地舞茸（小房に分ける）…… 1パック
- にんにく …… 1片
- 玉ねぎ（みじん切り）…… 1/4個
- トマト（ざく切り）…… 1/4個
- バター …… 20g
- 小麦粉 …… 少々
- A 各少々 タラゴン（みじん切り）／タイムパウダー・塩・こしょう
  - 赤ワインビネガー …… 小さじ2
  - 白ワイン …… 小さじ1
  - 固形ブイヨン …… 1/4個
  - 蒸し鶏（p.67）の煮汁 …… 大さじ1
- 生クリーム …… 大さじ1

1. フライパンにバターを熱し、地舞茸をソテーして、取り出す。舞茸のバターソテーの完成。
2. 1のフライパンににんにくと玉ねぎを加え、玉ねぎがとろりとするまで炒める。
3. トマトを加えて炒め合わせ、小麦粉をふり入れてよく混ぜる。
4. Aを加えて軽く混ぜ、最後に生クリームを加えて煮詰めたらビネガーソースの完成。

自家製ソーセージと レンズ豆のサンド トマトソース添え

エキゾチックに香りづけした自家製ソーセージは、プリップリの粗挽きが自慢。
酸っぱいレンズ豆煮を合わせることで肉の旨味がさらに引き立ちます。

ソフトドッグ …… 1個
自家製ソーセージ …… 下記1/2本（50g）
レンズ豆煮 …… 20g
トマトソース（p.46）…… 15g
各少々｜オリーブオイル
　　　｜バター・黒こしょう

1　フライパンにオリーブオイルを熱し、スライスしたソーセージの断面をこんがりするまでソテーする。
2　ソフトドッグに切り込みを入れ、内側にバターを塗る。
3　トマトソースを塗り、1とレンズ豆煮をのせて、こしょうをふる。

自家製ソーセージの作り方 〈5本分〉

a

豚バラ肉 …… 500g
鶏胸肉 …… 100g
ベーコン …… 75g
オリーブオイル …… 20g
塩 …… 5g
ブランデー …… 小さじ1/2
アニスパウダー …… 小さじ1/4
五香粉 …… 小さじ1/4
カイエンペッパー …… 少々
こしょう …… 少々

1　肉類とベーコンはそれぞれ2cm角に切る。
2　ボウルに1とほかの材料を入れ、粘りが出るまでよくこねる（写真a）。
3　約100gずつに分けて丸め、ラップに包んで棒状に成形する（写真b）。さらにアルミホイルでくるみ、両端をキャンディのようにねじって止める。
4　大きめの鍋に水を張って3を入れ（写真c）、浮いてこないよう重しをする。
5　80℃になるまで中火で加熱したら、その後も80℃を保つよう火加減に注意して10分加熱する。
6　竹串を刺して、透明の肉汁が出てきたら火を止める。湯の中で粗熱を取り、冷蔵庫で一晩冷やし固める。

b

c

レンズ豆煮の作り方 〈作りやすい分量〉

レンズ豆（乾燥）…… 30g
ベーコン …… 1/2枚
ローリエ …… 1/2枚
各少々｜白ワインビネガー
　　　｜塩・こしょう

1　鍋にレンズ豆とベーコン、ローリエを入れ、かぶるぐらいの水を注ぎ、レンズ豆が柔らかくなるまで茹でる。
2　ザルにあげて水気を切り、白ワインビネガー、塩、こしょうで調味する。

揚げ豚と白髪ねぎのピーナツソース

カリッと揚げた豚肉をリッチなピーナツソースでいただきます。
白髪ねぎとレモンでさっぱりと飽きのこない味わいに。

ライドッグ …… 1個
揚げ豚 …… 下記全量
ピーナツソース（p.47）…… 8g
レモンの輪切り …… 1/2枚
白髪ねぎ …… 10g
バター・黒こしょう …… 各少々

1　ライドッグに切り込みを入れ、内側にバターを塗る。
2　揚げ豚をのせてピーナツソースを塗り、白髪ねぎをのせる。
3　切り分けたレモンを散らし、こしょうをふる。

揚げ豚の作り方 〈サンドイッチ1個分〉

豚バラ薄切り肉（5mm厚さ）…… 1枚
しょうゆ …… 小さじ1
しょうが（すりおろし）…… 小さじ1/2
ごま油 …… 小さじ1/2
片栗粉 …… 少々

1　豚バラ肉を4等分に切る。
2　ボウルに**1**としょうゆ、しょうが、ごま油を入れてもみ込み、10分ほど置く。
3　片栗粉をまぶし、180℃の油（分量外）でカラリと揚げる。

ラム肉のミートボールのトマト煮

ハーブやスパイスをたっぷり使って食べやすく仕上げたラムのミートボールは絶品。
ズッキーニのみずみずしさもポイントです。

フランスパン …… 1個
ラム肉のミートボールのトマト煮 …… 下記1/3量
イタリアンルッコラ …… 3g
バター・黒こしょう …… 各少々

1　フランスパンに切り込みを入れ、内側にバターを塗る。
2　ルッコラをのせ、ラム肉のミートボールのトマト煮をのせて、こしょうをふる。

ラム肉のミートボールのトマト煮の作り方 〈作りやすい分量〉

● ラム肉のミートボール

A｜ラム肩肉 …… 125g
　｜豚バラ肉 …… 100g
　｜玉ねぎ（みじん切り）…… 1/2個
　｜にんにく …… 1片
　｜ペパーミントの葉 …… 2g
　｜クミンパウダー …… 小さじ3/4
　｜コリアンダーパウダー …… 小さじ3/4
　｜カイエンペッパー …… 少々
　｜小麦粉・片栗粉 …… 各8g
　｜レモン汁 …… 7g
　｜塩 …… 3g

● ズッキーニのトマトソース

ズッキーニ（横3等分にし、短冊切り）…… 2本
トマト（角切り）…… 1個
トマト缶（ホール）…… 1缶
玉ねぎ（みじん切り）…… 1/2個
にんにく（みじん切り）…… 1片
塩・こしょう …… 各少々

1　トマトソースを作る。鍋にオリーブオイル少々（分量外）とにんにくを入れ、にんにくが色づくまで弱火で炒める。
2　玉ねぎを加えて、柔らかくなるまで炒めたらトマト缶を加えて煮詰める。
3　トマトを入れてさらに煮詰め、ズッキーニを加えて柔らかくなるまで煮て、塩、こしょうで味を調える。
4　ミートボールを作る。フードプロセッサーにAを入れ（写真a）、細かくしてボウルに入れる。
5　4をよくこね、約30gずつの円形にする。
6　フライパンにオリーブオイル（分量外）を熱し、5をこんがりと焼く（写真b）。
7　6を3に加えて絡める（写真c）。

味噌漬けチキンと根菜のピクルス添え

味噌漬けチキンは思い切ってこんがり香ばしく焼くのがおいしい。
バリバリと頬張って食べるのがおいしいので、ピクルスはあえて大ぶりにカット。

ソフトドッグ …… 1個
味噌漬けチキン …… 40g
根菜のピクルス（ごぼう・にんじん）…… 各2本
味噌ソース …… 15g
バター・黒こしょう …… 各少々

1　ソフトドッグに切り込みを入れ、内側にバターを塗る。
2　味噌漬けチキンをはさみ、味噌ソースをかける。
　　ピクルスをのせてこしょうをふる。

味噌漬けチキンの作り方 〈作りやすい分量〉

鶏もも肉 …… 1枚
米味噌・西京味噌 …… 各300g
てんさい糖 …… 30g

1　味噌とてんさい糖をよく混ぜ合わせる。
2　鶏肉の水気をよく拭き取り、ガーゼにくるむ。
3　保存容器に1、2、1の順で入れ、冷蔵庫で一晩寝かす。
4　鶏肉についた味噌を落とし、サラダ油少々（分量外）を熱したフライパンに、
　　皮面を下にして入れ、中火で焼く。
5　焼き色が強めについたら裏返して蓋をし、200℃のオーブンで約10分焼く。
　　竹串をさして先が熱くなったら、蓋をして15分ほど蒸らす。

根菜のピクルスの作り方 〈作りやすい分量〉

ごぼう …… 2本
にんじん …… 2本

A｜白ワインビネガー …… 150g
　　白ワイン …… 100g
　　グラニュー糖 …… 10g
　　塩 …… 5g
　　ローリエ …… 1枚
　　黒粒こしょう …… 2粒
　　エルブドプロヴァンス …… 少々

1　ごぼうとにんじんは長さ4cmに切り、ごぼうは縦半分、
　　にんじんは縦に4つ割りにする。それぞれ約2分茹でて水気を切る。
2　鍋にAを沸かしたら火を止め、熱々のうちに1を入れて、粗熱を取る。
3　冷蔵庫に入れて2日間漬け込む。

味噌ソースの作り方 〈作りやすい分量〉

味噌 …… 70g
マヨネーズ …… 60g
てんさい糖 …… 60g
白ワインビネガー …… 10g
ごま油 …… 10g
レモン汁・エルブドプロヴァンス …… 各少々

1　すべての材料をよく混ぜる。

トリッパのカツレツ ラビゴットソース

ビストロ料理を手軽なサンドイッチ仕立てに。シャープな酸味のラビゴットソースに
クレソンのほろ苦さ。大人のためのサンドイッチです。

ライドッグ …… 1個
トリッパのカツレツ …… 30g
ラビゴットソース（p.43）…… 10g
茹で卵（固茹で／みじん切り）…… 大さじ1
クレソン …… 8g
ハニーマスタードソース（p.53）…… 5g
バター・黒こしょう …… 各少々

1　トリッパのカツレツは2cm幅に切る。
2　ラビゴットソースに茹で卵を加えて混ぜる。
3　ライドッグに切り込みを入れ、内側にバターを塗る。
4　クレソンと1をはさみ、2とハニーマスタードソースをかけ、こしょうをふる。

トリッパのカツレツの作り方

〈作りやすい分量〉

トリッパ（下処理済み）…… 200g
パセリ …… 3～4枝

A｜白ワイン …… 125g
　｜赤ワインビネガー …… 40g
　｜ディジョンマスタード …… 5g
　｜はちみつ …… 25g
　｜塩 …… 10g
　｜こしょう …… 少々

溶き卵 …… 1個分
パン粉 …… 適量

a　　　　　b

1　圧力鍋にトリッパとパセリ、かぶるくらいの水を入れて加熱する。
　　圧力がかかったら5分加熱して火を止めて冷ます（写真a）。
2　Aを混ぜてマリネ液を作る。
3　1を約10cm四方に切り、2に一晩漬け込む（写真b）。
4　汁気をきって卵、パン粉の順にまぶす。
5　サラダ油とバター（ともに分量外）を熱したフライパンに4を入れ、
　　6分ほど両面を揚げ焼きにする。

真鱈とじゃがいもの コロッケサンド

イタリアのブランダードをイメージして作ったイトキト風コロッケサンド。
しっかりと味をつけたほうれん草のソテーがソース代わりです。

フランスパン …… 1個	1　フランスパンに切り込みを入れ、内側にバターを塗る。
真鱈とじゃがいものコロッケ …… 半分を3切れ	2　ほうれん草のソテーとマヨネーズ、コロッケの順にのせて、こしょうをふる。
ほうれん草のソテー …… 20g	
マヨネーズ・バター・黒こしょう …… 各少々	

真鱈とじゃがいものコロッケの作り方 〈約18個分〉

a

- 真鱈（切り身）…… 2切れ（180g）
- 岩塩 …… 5g
- 牛乳 …… 200g
- にんにく …… 1/2片
- キャベツ …… 150g
- じゃがいも …… 100g
- 玉ねぎ（スライス）…… 80g
- 生クリーム …… 50g
- 小麦粉・パン粉 …… 各適量
- 溶き卵 …… 1個分
- オリーブオイル・塩・こしょう …… 各少々

1　真鱈に岩塩をふり、キッチンペーパーで包んで冷蔵庫で一晩寝かす。
2　鍋に牛乳とにんにく、1を入れ、鱈がほぐれるまで火を入れる。ザルにあげ、粗熱が取れたら身をほぐす。
3　キャベツは茹でて千切りに、じゃがいもも茹でて4つ切り、玉ねぎはオリーブオイルで色づくまで炒める。
4　ボウルに2と3を入れ（写真a）、手でよく混ぜ合わせたら、生クリームで硬さを調節する。
5　約30gの俵形に丸め、小麦粉、卵、パン粉の順にまぶして、180℃の油（分量外）で色づくまで揚げる。

ほうれん草のソテーの作り方 〈作りやすい分量〉

- ほうれん草（長さ半分に切る）…… 1/2束
- しいたけ（薄切り）…… 4個
- 白ワインビネガー・バター・塩・黒こしょう …… 各少々

1　フライパンにバターを熱し、ほうれん草としいたけを炒める。
2　白ワインビネガー、塩、こしょうで調味する。

メカジキのカツレツ クレオールソース

アメリカ南部のクレオールソースにひと工夫。パンチのある味わいは
淡白なメカジキを抜群に引き立ててくれます。ボリュームも満点。

- ライドッグ …… 1個
- メカジキのカツレツ …… 半分を3切れ
- クレオールソース …… 20g
- フリルレタス …… 5g
- マヨネーズ …… 10g
- バター・黒こしょう …… 各少々

1. ライドッグに切り込みを入れ、内側にバターを塗る。
2. レタスとメカジキのカツレツをのせ、クレオールソースをかける。マヨネーズを添えて、こしょうをふる。

メカジキのカツレツの作り方 〈作りやすい分量〉

- メカジキ（切り身）…… 2切れ（100g）
- **A** ｜ 塩・こしょう
  ｜ エルブドプロヴァンス …… 各少々
- 各適量 ｜ 小麦粉
  ｜ 溶き卵・パン粉

1. メカジキに **A** をふって10分ほど置き、水気を拭き取る。
2. 小麦粉、卵、パン粉の順でまぶし、フライパンにオリーブオイル（分量外）をひいて両面がこんがりと色づくまで焼く。

クレオールソースの作り方 〈作りやすい分量〉

- ピーマン …… 3個
- 玉ねぎ …… 1/2個
- セロリ（葉を含む）…… 1/2本
- にんにく …… 1/2片
- クミンパウダー …… 小さじ1/2
- オレガノ …… 小さじ1/2
- **A** ｜ トマトの水煮 …… 60g
  ｜ 白ワイン …… 50g
  ｜ 白ワインビネガー …… 20g
  ｜ ウスターソース …… 小さじ1/2
  ｜ ローレル …… 1/2枚
  ｜ 固形ブイヨン …… 1/4個
- カイエンペッパー …… 小さじ1/4
- 塩・こしょう …… 各少々

1. ピーマン、玉ねぎ、セロリは1cm角、にんにくはみじん切りにする。
2. 鍋にバターとオリーブオイル（ともに分量外）を熱し、にんにくが色づくまで炒めたら、**1**の野菜を入れて、しんなりするまで炒める。
3. クミンパウダー、オレガノを入れてさらに炒め、**A**を加えて水分が半量になるまで煮詰める。
4. カイエンペッパー、塩、こしょうで調味する。

れんこんとしいたけのタルティーヌ

アボカドとトマトとレンズ豆のタルティーヌ

ツナとトマトサルサのタルティーヌ

5種のきのこクリーム煮のタルティーヌ

れんこんとしいたけのタルティーヌ

具材はゴロゴロと大ぶりにカットして、歯応えよく。
最後に添えたアンチョビソースが絶妙に香ります。

バゲット …… 1/8枚	1　バゲットにベシャメルソースを塗る。
れんこんとしいたけのソテー …… 下記全量	2　れんこんとしいたけのソテーをのせ、パルミジャーノチーズをかける。
ベシャメルソース …… 40g	3　230℃のオーブンで8〜10分焼く。
アンチョビソース …… 5g	4　アンチョビソースをかけ、こしょうをふる。
黒こしょう・パルミジャーノチーズ …… 各少々	

ベシャメルソースの作り方 〈作りやすい分量〉

A　牛乳 …… 500g　固形ブイヨン …… 1/2個　ローリエ …… 1枚　ナツメグ・塩・こしょう …… 各少々	1　鍋にAを入れて沸かす。
バター …… 35g	2　別鍋にバターを熱し、薄力粉を少しずつ加えながら弱火で炒める。
薄力粉 …… 35g	3　2に1を少しずつ入れてよく混ぜ、つやが出るまで中火で加熱する。
	4　とろりとなめらかになったらバットにあけて冷ます。

れんこんとしいたけのソテーの作り方

れんこん …… 小1個	1　れんこんは皮をむいて5分ほど下茹でする。縦4等分に切り、薄力粉を薄くまぶす。
しいたけ …… 1個	2　しいたけは石づきを取り、半分に切る。
バター …… 10g	3　フライパンにバターを熱し、1と2を焼き色がつくまでソテーし、塩をふる。
薄力粉・塩 …… 各少々	

アンチョビソースの作り方 〈作りやすい分量〉

アンチョビフィレ（みじん切り）…… 50g	1　鍋ににんにくとオリーブオイルを入れ、弱火でじっくり炒める。
オリーブオイル …… 200g	2　にんにくが色づいたらアンチョビを加えて火を止め、混ぜ合わせる。
にんにく（みじん切り）…… 15g	

アボカドとトマトとレンズ豆のタルティーヌ

「デリケートなアボカドを焼いてみたらどうだろう？」と作ってみた一品。
コクが増したアボカドを主役に、豆のサラダや野菜を合わせてピザパン風に。

バゲット …… 1/8枚	1　アボカドとトマトは5mm幅のスライスにする。
ベシャメルソース …… 40g	2　バゲットにベシャメルソースを塗る。
レンズ豆煮（p.71）…… 15g	3　レンズ豆煮を敷き、アボカド、ベーコン、トマト、玉ねぎの順にのせ、チーズをかける。
アボカド …… 1/4個	4　230℃のオーブンで8〜10分焼く。最後にこしょうをふる。
トマト …… 1/4個	
ベーコンスライス …… 10g	
玉ねぎ（スライス）…… 少々	
グラナパダーノチーズ・こしょう …… 各少々	

ツナとトマトサルサのタルティーヌ

暑い夏にこそ食べたくなるトマトサルサを、トルティーヤではなくバゲットにのせて。
きっとテキーラとの相性も抜群なはず。

- バゲット …… 1/8枚
- ベシャメルソース(p.86) …… 40g
- ツナペースト(p.32) …… 40g
- トマトサルサ …… 20g
- グラナパダーノチーズ・こしょう

1. バゲットにベシャメルソースを塗る。
2. ツナペーストを塗り、トマトサルサをのせて、チーズをかける。
3. 230℃のオーブンで8～10分焼く。最後にこしょうをふる。

タルティーヌ用のパンの切り方

1. バゲットの両端を落として4等分する。
2. 横半分に切る。
3. 1/8になる。

トマトサルサの作り方〈作りやすい分量〉

- トマト …… 1個
- セロリ …… 1/2本
- 玉ねぎ …… 1/4個
- クミンパウダー …… 大さじ1/2
- カイエンペッパー …… 小さじ1/2
- 赤ワインビネガー …… 大さじ2
- パプリカパウダー …… 少々
- 塩・こしょう・オリーブオイル …… 各少々

1. 野菜はそれぞれ1cm角に切る。
2. すべての材料をよく混ぜ合わせる。

オーブンがない場合は…
トースターの場合は3～4分焼き、アルミホイルをかぶせてさらに2分温める。

5種のきのこクリーム煮のタルティーヌ

秋の味覚を、まったりコクのあるクリームで煮込んだ贅沢なタルティーヌ。
きのこの旨味がぎゅっと詰まったソースは絶品。

- バゲット …… 1/8枚
- ベシャメルソース(p.86) …… 40g
- きのこクリーム煮 …… 50g
- パルミジャーノチーズ・こしょう …… 各少々

1. バゲットにベシャメルソースを塗る。
2. きのこクリーム煮をのせ、チーズをかける。
3. 230℃のオーブンで8～10分焼く。最後にこしょうをふる。

きのこクリーム煮の作り方〈作りやすい分量〉

- しいたけ・しめじ・マッシュルーム …… 各1/2パック
- エリンギ・舞茸 …… 各1/4パック
- バター …… 15g
- にんにく(みじん切り) …… 1/2片
- 白ワイン …… 15g
- 生クリーム …… 20g
- 塩・こしょう …… 各少々

1. しいたけは4等分に切り、エリンギは長さ3cm、マッシュルームは2等分にし、しめじと舞茸は小房に分ける。
2. 鍋にバターとにんにくを入れ、にんにくが色づくまで弱火で炒める。
3. 1を入れて中火で炒め、水分が出てきたら白ワインを加える。アルコールを飛ばし、汁気がなくなるまで炒める。
4. 生クリームを入れて弱火で煮詰め、塩、こしょうで調味する。

クリームチーズとアプリコット

アプリコットは白ワインでじっくり煮込んで、アールグレイとローズヒップで香りづけ。
これが意外にもフランスパンにぴったり。

フランスパン …… 1個
クリームチーズ …… 20g
アプリコットの白ワイン煮 …… 50g
バター・こしょう …… 各少々

1　フランスパンに切り込みを入れ、内側にバターを塗る。
2　クリームチーズを塗り、アプリコットの白ワイン煮をのせて、こしょうをふる。

アプリコットの白ワイン煮 の作り方 〈作りやすい分量〉

ドライアプリコット …… 200g
ブランデー …… 10g
白ワイン …… 35g
水 …… 50g
アールグレイ茶葉 …… 小さじ1/2
ローズヒップ茶葉 …… 小さじ1/2

A｜グラニュー糖 …… 20g
　　黒こしょう(粒)・ローズマリー …… 各少々

1　鍋にブランデーを入れてアルコールを飛ばし、白ワインを加えて半量になるまで煮詰める。
2　ドライアプリコットを加え、ひたひたの水(分量外)を入れて煮る。
3　アプリコットが柔らかくなったらAを加え、とろみが出るまで煮る。
4　別鍋に水(50g)を沸かして茶葉を入れ、火を止めて5分ほど蒸らす。
5　4を漉しながら3に加え、混ぜ合わせる。

フランボワーズと カシューナッツ チョコペースト

チョコレートとフランボワーズの甘酸っぱさは定番の組み合わせ。
カシューナッツのコクと食感もアクセントに。

フランスパン ……　1個
ヌテラ ……　35g
カシューナッツ ……　20g
フランボワーズソース ……　15g
バター・こしょう ……　各少々

1　フランスパンに切り込みを入れ、内側にバターを塗る。
2　ヌテラを塗り、カシューナッツとフランボワーズソースをのせて、こしょうをふる。

フランボワーズソースの作り方 〈作りやすい分量〉

フランボワーズ（フレッシュ） ……　200g
グラニュー糖 ……　180g
レモン汁 ……　少々

1　鍋にフランボワーズとグラニュー糖を入れ、焦げないようにかき混ぜながら煮る。
2　余分な水分が飛んでとろみが出てきたら、レモン汁を加えて火を止める。

柿とアールグレイ

フレッシュな柿を使った秋限定のフルーツサンド。
アールグレイエキスで風味づけしたクリームが全体を上品にまとめます。

食パン …… 2枚
柿（スライス）…… 35g
アールグレイのホイップクリーム …… 30g
バター …… 少々

1 食パンの内側になる面にバターを塗り、ホイップクリームを平らにしぼる。
2 1枚に柿を並べ、もう1枚でサンドする。
3 ラップで包み、冷蔵庫で15分ほど冷やし固めたら、耳を落として半分に切る。

アールグレイのホイップクリームの作り方 〈作りやすい分量〉

アールグレイ茶葉 …… 3g
水 …… 100g
A｜生クリーム（乳脂肪分40%）…… 100g
　｜グラニュー糖 …… 15g
　｜ラム酒 …… 2g

1 鍋に茶葉と水を入れ、沸騰したら火を止めて2分蒸らす。
2 1を漉しながら別の小鍋に移し、高さ1mm程度になるまで弱火で煮詰め、冷ます。
3 ボウルに2とAを入れ、ホイッパーで硬めに泡立てる。

メロンとマンゴーソース

まるでケーキのような幸せな食べ心地。クリームにはキルシュを効かせて、
少しアダルトな味わいに仕上げてあります。

食パン …… 2枚
メロン …… 35g
マンゴーソース …… 20g
ホイップクリーム …… 30g
バター …… 少々

1 食パンの内側になる面にバターを塗り、1枚にはマンゴーソースを塗る。
2 さらにホイップクリームを平らにしぼり、1枚にメロンを並べ、もう1枚でサンドする。
3 ラップで包み、冷蔵庫で15分ほど冷やし固めたら、耳を落として半分に切る。

ホイップクリームの作り方 〈作りやすい分量〉

生クリーム（乳脂肪分40%）…… 100g
グラニュー糖 …… 15g
キルシュ …… 2g

1 すべての材料をボウルに入れ、ホイッパーで硬めに泡立てる。

マンゴーソースの作り方 〈作りやすい分量〉

マンゴー（フレッシュまたは冷凍）…… 100g
グラニュー糖 …… 20g
レモン汁 …… 少々

1 鍋にマンゴーとグラニュー糖を入れて混ぜて、30分ほど置く。
2 弱火で煮始め、パンに塗れるぐらいの硬さまで煮詰めたら、レモン汁を入れて混ぜる。

itokito
サンドイッチバンズの作り方

サンドイッチの主役であり、脇役でもあるバンズの作り方です。
代表的なフランスパンのレシピをご紹介します。

フランスパンの作り方

〈 8本分 〉

中力粉 （リスドオル） …… 500g（100%）
粗塩 …… 10g（2%）
インスタントドライイースト …… 2.5g（0.5%）
モルトシロップ …… 2.5g（0.5%）
水 …… 345〜350g（69〜70%）
※（ ）内はベーカーズパーセント

....

［ こねる ］

1 ボウルに粉、塩、イーストを入れ、カードでよく混ぜる。
2 水とモルトシロップを混ぜ合わせて1のボウルに加え、カードでよく混ぜる。
3 ある程度まとまったら、台の上に取り出す。
4 手で台にこすりつけるようにして押し伸ばし、こねる。
5 生地が台からはがれるようになったら、今度は生地を台に叩きつけて、折りたたむ。90度回転させて、同様にする。生地の表面が滑らかになるまでこれを繰り返す。
6 生地を伸ばし、グルテン膜をチェックする。和紙のように薄く透けたらこね上がり。

Point 途中、生地が台にくっついたらカードでそぎ落としながらまとめ、こね続ける。

Point こね上がりの生地の温度は22〜23℃が理想的。温度が高くなりすぎると発酵がうまくいかず、粉の味や香りが生きないため、慣れるまでは使用する中力粉や水を冷蔵庫で冷やしてから使うと作りやすい。

  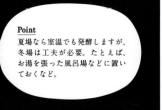

Point
夏場なら室温でも発酵しますが、冬場は工夫が必要。たとえば、お湯を張った風呂場などに置いておくなど。

[一次発酵]

7　生地をボウルに入れ、ラップをかぶせて温度30度、湿度75％くらいの環境で、1時間発酵させる。

8　生地を取り出し、粉少々をふって、手で押さえてガス抜きする。横に三つ折り、縦に三つ折りしたら、とじ目を下にしてボウルに戻し、ラップをして**7**と同様の環境でさらに1時間発酵させる。

[分割]

9　生地を100gずつに分割する。

10　手の中で転がして、表面に張りを持たせるように楕円形に丸める。

[冷蔵発酵]

11　ラップを敷いたトレーに生地を並べ、さらにラップをかぶせて密閉し、冷蔵庫で一晩寝かせる。

[成形]

12　冷蔵庫から生地を取り出し、ラップをしたまま15分程置いて室温に戻す。

13　生地を台に移し、ガスを抜くように軽く押さえて生地を少し伸ばす。

14　生地の上下を折り曲げて三つ折りにし、さらに半分に折り曲げて、手の付け根を押し当ててとじ目をしっかり押さえる。

15　手の平で真ん中から両端に向かってガスを抜くようにコロコロ転がして伸ばし、20cmくらいの棒状にする。ガスが残っていたら生地を叩いてつぶす。

> Point
> キャンバス地がない場合は、生地を直接オーブンの天板に置いて二次発酵させ、そのままオーブンに入れて焼けばいい。

[二次発酵]

16　キャンバス地にひだを作り、その間に生地を置く。温度30度、湿度75%の環境で15〜20分二次発酵させる。

[焼く]

17　生地を天板に移し、剃刀で斜めに2本の切り込み(クープ)を入れる。

18　230℃に予熱したオーブンで20〜23分焼く。

焼き上がり！

勝野真一
1972年　東京に生まれる
1997年　多摩美術大学卒業後、設計デザイン会社及び広告デザイン会社でデザインを学ぶ
2002年　兼ねてから興味のあった食の世界をこころざし「ラ・ブランジェ・ナイーフ」に入社
2005年　退社後「ビストロミカミ」にてフランス料理を学ぶ
2007年　東京・大岡山に「イトキト」開業

itokito　イトキト
東京都大田区北千束1-54-10 佐野ビル1F
TEL　03-3725-7115
営業時間　火～金 10:00-20:00　土・祝 10:00-19:00
定休日　日・月
http://www.itokito.com

....

STAFF
アートディレクション　to-kichi
アートワーク　sunui
デザイン・題字　oitama
写真　須藤敬一
取材　葛山あかね

....

新版
イトキトのフレンチスタイルサンドイッチ

2017年5月25日 初版第1刷発行

著者　勝野真一

発行者　滝口直樹
発行所　株式会社 マイナビ出版
　　　〒101-0003 東京都千代田区一ツ橋2-6-3　一ツ橋ビル2F
　　　TEL 0480-38-6872 ［注文専用ダイヤル］
　　　　　03-3556-2731 ［販売部］
　　　　　03-3556-2735 ［編集部］
　　　URL http://book.mynavi.jp

印刷・製本　大日本印刷株式会社

....

※本書は、2012年10月に発行された『イトキトのフレンチスタイルサンドイッチ』の
　新版です。内容は同じになりますので、あらかじめご了承ください。

○ 定価はカバーに記載してあります。
○ 乱丁・落丁本はお取り替えいたします。お問い合わせは、TEL：0480-38-6872 ［注
　文専用ダイヤル］または、電子メール：sas@mynavi.jp までお願いします。
○ 内容に関するご質問等がございましたら、往復はがき、または封書の場合は返信用切手、
　返信用封筒を同封の上、マイナビ出版編集2部までお送りください。
○ 本書は著作権法上の保護を受けています。本書の一部あるいは全部について、著者、発
　行者の許諾を得ずに無断で複写、複製することは禁じられています。

ISBN 978-4-8399-6327-9
C5077
©2017 SHINICHI KATSUNO
Printed in Japan